# Olivenöl

Text von Christin Geweke
Illustrationen von Stefanie Wawer

Hölker Verlag

# Inhalt

Vorwort ... 4

## Kleine Geschichte des Olivenöls
### Mythen und Fakten ... 6

Oliven-Feigen-Dip mit Ziegenkäse ... 10

Ofengemüse mit gerösteten Walnüssen ... 11

Fladenbrot ... 12

## Der Ölbaum
### Botanik und Anbaugebiete ... 14

Avocadosalat mit gebratenen Scampi ... 17

Flammkuchen mit Feta ... 18

Filetsteak mit Salsa verde ... 19

## Von der Olive zum Speiseöl
### Ernte, Verarbeitung und Lagerung ... 20

Grissini ... 25

Couscous mit Zucchini und Pistazien ... 26

Lammkarree mit Oliven-Kräuter-Kruste ... 28

## Flüssiges Gold
Güteklassen und Qualitätsmerkmale — 30

Gegrillte Auberginen — 36

Rosmarin-Fächerkartoffeln — 37

Pizza Napoli — 38

## Olivenöl in der Küche
Verwendung, Aroma und Geschmack — 40

Paprikapesto mit Ricotta — 44

Tagliatelle al limone — 45

Mediterran gebratener Kabeljau — 46

Rezeptübersicht — 47

# Vorwort

Ob für Salatdressings, Antipasti oder Fisch- und Fleischgerichte, zum Braten, Dünsten oder zum Backen – Olivenöl ist nicht nur universell einsetzbar und unglaublich geschmackvoll und lecker, es ist dazu auch noch gesund und kann erwiesenermaßen etlichen Krankheiten vorbeugen. Zudem steht kaum ein anderes Grundnahrungsmittel so sehr für die mediterrane Küche wie Olivenöl.

Das wussten bereits die alten Griechen, die Olivenöl – dessen Gewinnung auf eine jahrtausendealte Tradition zurückblickt – nicht nur als alltägliches Lebensmittel, sondern auch als Heil- und Schönheitsmittel schätzten. In der Antike galt es als Frevel, einen Ölbaum zu fällen, manchmal wurde dies sogar mit der Todesstrafe geahndet. Der Olivenbaum war und ist Symbol des Lebens, des Friedens, der Fruchtbarkeit und des Sieges.

Auch heutzutage wird Olivenöl überall auf der Welt geschätzt. Für hochwertige Öle sollte man unbedingt auf die Herkunft und Qualität der Früchte sowie auf die Erntemethode und Art der Pressung achten. Dann steht dem Genuss von Olivenöl mit seinen 1001 Möglichkeiten der Verwendung nichts mehr im Wege!

# Kleine Geschichte des Olivenöls

Mythen und Fakten

Die Heimat der Olive, der Mittelmeerraum, gilt als Wiege unserer Zivilisation. Und auch der Ölbaum selbst, eine der ältesten Kulturpflanzen überhaupt, ist eng mit unserer eigenen Kulturgeschichte verwoben.

Es ranken sich etliche Sagen um den Olivenbaum, der im Volksmund auch Baum des Lebens genannt wird. Der vielleicht bekannteste Mythos handelt von einem Streit um die Schutzherrschaft über Attika zwischen Athene, der Göttin der Weisheit, und Poseidon, dem Gott des Meeres. Um ihn zu schlichten, schlug Attikas König Kekrops vor, dass beide Götter den Menschen ein Geschenk machen sollten, das nützlichere von ihnen würde über den Sieg entscheiden. Poseidon schlug mit seinem Dreizack eine Wasserquelle aus einem Felsen, Athene pflanzte einen Ölbaum. Der Ausgang der Geschichte ist bekannt, Griechenlands Hauptstadt trägt noch heute Athenes Namen.

Die alten Griechen, Römer und auch Ägypter sahen den Ölbaum als göttliches Geschenk an. Deswegen war er in ihren Augen heilig und wurde hochverehrt. Seine Früchte und das daraus gewonnene Öl wurden als Nahrungsmittel, für die Erzeugung von Licht und Wärme, für die Schönheitspflege, als Opfergabe, als Medizin und für Salbungen verwendet. Die Teilnehmer bei den Olympischen Spielen aßen vor den Wettkämpfen Speisen, die man mit reichlich Olivenöl zubereitete, und auch ihre Körper wurden damit zum Schutz gegen Sonnenbrand und Kälte einmassiert. Die Sieger bekamen einen Kranz aus Olivenzweigen aufgesetzt.

Auch in der Bibel findet der Ölbaum an zahlreichen Stellen Erwähnung. Zum Beispiel erzählt das Alte Testament davon, wie Noah eine Taube schickt, um herauszufinden, ob die Sintflut vorbei ist. Nach einiger Zeit kehrt sie zur Arche zurück, mit einem Olivenzweig im Schnabel – als Symbol dafür, dass sich der Himmel beruhigt hat und das Leben auf der Erde wieder möglich ist. Im Neuen Testament verbringt Jesus seine letzten Stunden in Freiheit mit seinen Jüngern am Ölberg. Und der barmherzige Samariter kümmert sich um die Wunden eines Verletzten, indem er sie mit Öl begießt. In all diesen Legenden wird dem Ölbaum, dem Baum der Bäume, eine durchweg positive Bedeutung zugeschrieben.

*Das Raunen eines Olivenhains hat etwas Intimes, Altehrwürdiges. Es ist so überaus schön, dass ich es gar nicht erst zu fassen versuche oder zu malen wage.*

VINCENT VAN GOGH

## KLEINE GESCHICHTE DES OLIVENÖLS

Seine eigentliche Geschichte, und damit auch die des Olivenöls, beginnt vor über 7000 Jahren. Vermutlich stammt der Ölbaum aus Nordafrika, aber auch in Palästina oder Syrien ist er schon sehr lange, seit mindestens 6000 Jahren, bekannt. Als sicher gilt, dass er bereits um 2500 v. Chr. unter anderem auf den Inseln der Ägäis kultiviert und aus seinen Früchten Öl gewonnen wurde.

Auf dem Seeweg gelangten Olivenbäume dann viele Jahrhunderte später von Griechenland und Phönizien nach Italien und Spanien. In der klassischen Antike war Olivenöl bereits im gesamten Mittelmeerraum bekannt, zu Zeiten von Christoph Kolumbus dann ebenfalls in der Neuen Welt. Heute wird der Olivenbaum auch in Amerika, China und Australien angebaut, aber seine Heimat ist und bleibt das Mittelmeergebiet.

# Oliven-Feigen-Dip mit Ziegenkäse

**FÜR 4–6 PORTIONEN**

180 g getrocknete Bio-Feigen
180 g schwarze Oliven ohne Stein
3 Knoblauchzehen
2 Zweige Thymian
2 EL Balsamicoessig
1 TL Honig
2 EL Olivenöl extra vergine
¼ TL Chiliflocken
Meersalz
Frisch gemahlener schwarzer Pfeffer

*Außerdem:*
50 g blanchierte Mandeln
1 TL Honig
250 g milder Ziegenkäse

Feigen klein hacken und mit 100 ml Wasser in einen kleinen Topf geben. Bei niedriger Temperatur aufkochen und leise köcheln lassen, bis alle Flüssigkeit verdampft ist. Topf vom Herd nehmen.

Oliven fein hacken. Knoblauch schälen und pressen. Thymian abbrausen, trocken schütteln und die Blättchen von den Zweigen streifen. In einer Schüssel Essig mit Honig verrühren, dann das Olivenöl gut untermengen. Mit Chiliflocken, Meersalz und Pfeffer würzen und zu den Feigen in den Topf geben. Oliven, Knoblauch und Thymian zufügen und alles gut verrühren. Abdecken und den Dip im Kühlschrank mindestens 5 Stunden ziehen lassen.

Mandeln grob hacken, in einer Pfanne rösten und mit dem Honig karamellisieren. Ziegenkäse in Scheiben schneiden und auf einer Servierplatte anrichten. Den Oliven-Feigen-Dip darauf anrichten und mit karamellisierten Mandeln bestreuen.

# Ofengemüse mit gerösteten Walnüssen

Für das Gemüse die Möhren putzen, nach Belieben schälen und das Grün auf 1 cm kürzen. Rote-Bete-Knollen und Pastinaken ebenfalls putzen, schälen und vierteln. Zwiebeln und Knoblauch schälen und halbieren. Alles in einer großen Auflaufform oder in einem tiefen Backblech verteilen. Den Backofen auf 190 °C vorheizen.

Für das Dressing in einer kleinen Schüssel Essig mit Ahornsirup oder Honig verrühren. Olivenöl zufügen und alles gut vermischen. Mit Meersalz und Pfeffer abschmecken. Das Dressing mit dem Gemüse vermengen und die Form für 30–40 Minuten, je nach Größe der Zutaten, in den Ofen geben.

Währenddessen die Walnüsse grob hacken und in einer Pfanne rösten. Anschließend über das fertig gebratene Ofengemüse streuen. Mit Meersalz und Pfeffer abschmecken.

**FÜR 2-4 PORTIONEN**

*Für das Gemüse:*
1 Bund junge Möhren
4 große Rote Beten
2 Pastinaken
4 kleine rote Zwiebeln
4 Knoblauchzehen

*Für das Dressing:*
2 EL Balsamicoessig
1 EL Ahornsirup oder Honig
5 EL Olivenöl extra vergine
Meersalz
Frisch gemahlener schwarzer Pfeffer

*Außerdem:*
40 g Walnusskerne

# Fladenbrot

**FÜR 1 FLADENBROT**

20 g Frischhefe
120 ml lauwarmes Wasser plus 3 EL extra
250 g Weizenmehl (Type 405) plus 1 TL extra
½ TL Backpulver
1 TL feines Meersalz
½ TL Zucker
¼ TL Paprika
2 EL Olivenöl extra vergine
50 ml lauwarme Milch

*Außerdem:*
Mehl für die Arbeitsfläche und zum Verarbeiten
2 EL Olivenöl extra vergine
1 Eigelb
2 TL Sesamsamen

Hefe in eine Schüssel bröseln und in 3 Esslöffel lauwarmem Wasser auflösen. Mit 1 Teelöffel Mehl bestäuben, die Schüssel mit Frischhaltefolie abdecken und den Vorteig 20 Minuten gehen lassen.

Mehl, Backpulver, Meersalz, Zucker und Paprika in einer Schüssel mischen. Den Vorteig, lauwarmes Wasser, Olivenöl und lauwarme Milch zufügen und alles mehrere Minuten zu einem elastischen Teig verkneten. Sollte er zu weich erscheinen, nach und nach noch etwas Mehl unterkneten. Die Schüssel abdecken und den Teig ca. 45 Minuten gehen lassen.

Anschließend auf der mit Mehl bestäubten Arbeitsfläche erneut gut durchkneten und zu einem Fladenbrot formen. Auf ein mit Backpapier ausgelegtes Blech legen, mit einem Geschirrtuch abdecken und nochmals 20 Minuten gehen lassen.

Währenddessen den Backofen auf 220 °C vorheizen und eine kleine Schüssel mit Wasser auf den Boden des Ofens stellen (der aufsteigende Wasserdampf sorgt für eine knusprige Kruste). Das Olivenöl mit dem Eigelb verquirlen. Mit einem scharfen Messer die Brotoberfläche gitterförmig einschneiden, mit der Olivenölmischung bepinseln und mit Sesamsamen bestreuen. Das Fladenbrot in ca. 20 Minuten goldgelb backen.

# Der Ölbaum

Botanik und Anbaugebiete

Olivenbäume können uralt werden, in Ausnahmefällen bis zu 2000 Jahre. Vielleicht stehen im Garten Gethsemane noch heute einige der Ölbäume, zwischen denen Jesus gewandelt ist.

### AUSSEHEN
Der immergrüne, reich verzweigte Olivenbaum *(Olea europaea)*, der zur Familie der Ölbaumgewächse *(Oleaceae)* gehört und bis zu 20 Meter hoch werden kann, trägt längliche, lanzettförmige, mit feinen Härchen bedeckte Blätter, die oben grüngrau sind und unten silbrig glänzen. Sein harter Stamm ist zunächst ebenfalls graugrün und hat eine glatte Oberfläche, nach einigen Jahren dunkelt er nach und bildet tiefe Furchen. Im Alter kann sich der Stamm selbst verjüngen, indem er sich in Teilstücke spaltet, aus denen immer wieder neue Zweige austreiben. Das Wurzelwerk ist weitverzweigt und sorgt so für Standfestigkeit und eine optimale Versorgung mit Feuchtigkeit und Nährstoffen.

### BODEN UND KLIMA
Olivenbäume gedeihen am besten auf steinigen, kalkreichen, leicht sandigen und trockenen Böden. Der Sonne zugewandte Hügel oder

Berghänge bei gemäßigtem Klima und vor allem geringen Temperaturschwankungen mögen sie am liebsten. Durch ihre große Widerstandsfähigkeit schaffen sie es trotzdem, für gewisse Zeit Kälte, Feuchtigkeit und Feuer zu trotzen.

### VON DER BLÜTE ZUR FRUCHT

Nach frühestens 4–10 Jahren trägt ein Olivenbaum erstmals Früchte, wobei eine wirklich ertragreiche Ernte erst im Alter von 15–25 Jahren möglich ist.

Im späten Frühjahr blühen Olivenbäume ca. 2 Monate – die Befruchtung findet zumeist über den Wind, seltener auch durch Insekten statt. Nach weiteren ca. 5 Monaten bilden sich aus den Blüten Steinfrüchte, die Oliven. Die noch unreifen Früchte sind grün, die vollreifen schwarz. Oliven sind roh nicht genießbar, sie schmecken nämlich äußerst bitter. Deshalb müssen sie vor dem Verzehr mehrmals in Wasser eingelegt werden, so kann man die Bitterstoffe zu einem großen Teil ausschwemmen. 90 Prozent der geernteten Oliven werden jedoch nicht als Ganzes verzehrt, sondern zu Olivenöl gepresst.

### ANBAUGEBIETE

Auch wenn Olivenbäume heute nicht mehr nur im Mittelmeerraum wachsen, stehen dort weit mehr als die Hälfte der Bäume weltweit. In Europa sind die größten Erzeugerländer Spanien, Italien und Griechenland, gefolgt von Portugal und Frankreich. Diese Länder machen ca. drei Viertel der gesamten Weltproduktion aus, was neben der langen Tradition und Erfahrung bei der Gewinnung von Olivenöl auch auf das perfekte Klima zurückzuführen ist, das in den Ländern rund ums Mittelmeer mit ihren langen, trockenen Sommern und milden Wintern vorherrscht.

# Avocadosalat mit gebratenen Scampi

Für den Salat die Tomaten waschen, putzen und würfeln. Zwiebeln schälen, halbieren und in Ringe schneiden. Avocados halbieren, entsteinen, schälen, in Spalten schneiden und mit dem Zitronensaft beträufeln. Feldsalat verlesen, waschen und trocken schleudern. Essig mit Honig und Olivenöl verrühren und mit Meersalz und Pfeffer würzen. Alle Salatzutaten vorsichtig in einer Schüssel mischen und mit dem Dressing vermengen.

Für die Scampi den Knoblauch andrücken. Scampi salzen. Eine Pfanne erhitzen und das Olivenöl zugeben. Scampi mit dem Knoblauch darin je nach Größe 2–4 Minuten pro Seite braten. Die fertig gebratenen Scampi auf dem Salat anrichten und nach Belieben mit gehobeltem Parmesan bestreuen.

**FÜR 4 PORTIONEN**

*Für den Salat:*
4 große Tomaten
2 rote Zwiebeln
2 reife Avocados
1 EL Zitronensaft
1 Bund Feldsalat

*Für das Dressing:*
1½ EL Weißweinessig
1 TL Honig
4 EL Olivenöl
Feines Meersalz
Schwarzer Pfeffer

*Für die Scampi:*
2 Knoblauchzehen
8 frische Scampi (küchenfertig)
Feines Meersalz
3 EL Olivenöl

*Außerdem:*
Gehobelter Parmesan

# Flammkuchen mit Feta

**FÜR 1 GROSSEN FLAMMKUCHEN BZW. 2–4 PORTIONEN**

*Für den Teig:*
225 g Weizenmehl (Type 405)
125 ml Wasser
2 EL Olivenöl extra vergine
½ TL feines Meersalz

*Für den Belag:*
1 rote Zwiebel
1 Handvoll schwarze Oliven ohne Stein
2 Zweige Thymian
100 g Fetakäse
200 g Crème fraîche
2 EL Olivenöl extra vergine
Frisch gemahlener Pfeffer

*Außerdem:*
Mehl für die Arbeitsfläche

Für den Teig Mehl mit Wasser, Öl und Meersalz verkneten. Abdecken und 30 Minuten ruhen lassen.

Währenddessen für den Belag die Zwiebel schälen und ebenso wie die abgetropften Oliven in Ringe schneiden. Thymian abbrausen, trocken schütteln und die Blättchen abzupfen. Feta würfeln.

Den Backofen auf 210 °C vorheizen, ein Backblech mit Backpapier auslegen. Den Teig auf der stark bemehlten Arbeitsfläche ca. 3 mm dünn zu einem Rechteck ausrollen und vorsichtig auf das Blech legen. Gleichmäßig mit Crème fraîche bestreichen und mit Zwiebel- und Olivenringen belegen. Thymianblättchen und zerbröselten Feta darüberstreuen und den Flammkuchen mit Olivenöl beträufeln. In 22–25 Minuten goldbraun backen. Vor dem Servieren mit frisch gemahlenem Pfeffer bestreuen.

# Filetsteak mit Salsa Verde

Für die Salsa verde Kapern und Oliven abtropfen lassen, Sardellenfilets trocken tupfen. Chili putzen, halbieren und von Samen befreien. Basilikum und Rucola abbrausen und trocken schütteln. Alles sehr fein hacken. Knoblauch schälen und pressen. Olivenöl in einer Schüssel mit Limettensaft verrühren und mit Zucker, Meersalz und Pfeffer würzen. Die übrigen Zutaten zugeben und alles gut miteinander mischen.

Für die Steaks die Filets ca. 30 Minuten vor dem Braten Zimmertemperatur annehmen lassen, dann von beiden Seiten salzen. Eine große Grillpfanne erhitzen, das Öl zugeben und heiß werden lassen. Die Steaks darin mit angedrücktem Knoblauch, Lorbeer und Rosmarin pro Seite 2–3 Minuten braten – je nach Dicke und gewünschtem Gargrad. Großzügig von beiden Seiten pfeffern, in Alufolie wickeln und ca. 5 Minuten ruhen lassen. Mit der Salsa verde servieren.

**FÜR 4 PORTIONEN**

*Für die Steaks:*
4 Filetsteaks (à 200 g)
Feines Meersalz
2 EL Olivenöl
2 Knoblauchzehen
2 Lorbeerblätter
1 Zweig Rosmarin
Schwarzer Pfeffer

*Für die Salsa verde:*
1 EL Kapern
5 grüne Oliven ohne Stein
2 Sardellenfilets in Öl
1 grüne Chilischote
½ Bund Basilikum
½ Bund Rucola
1 Knoblauchzehe
50 ml Olivenöl
3 EL Limettensaft
1 Prise brauner Zucker
Meersalz, Pfeffer

# Von der Olive zum Speiseöl

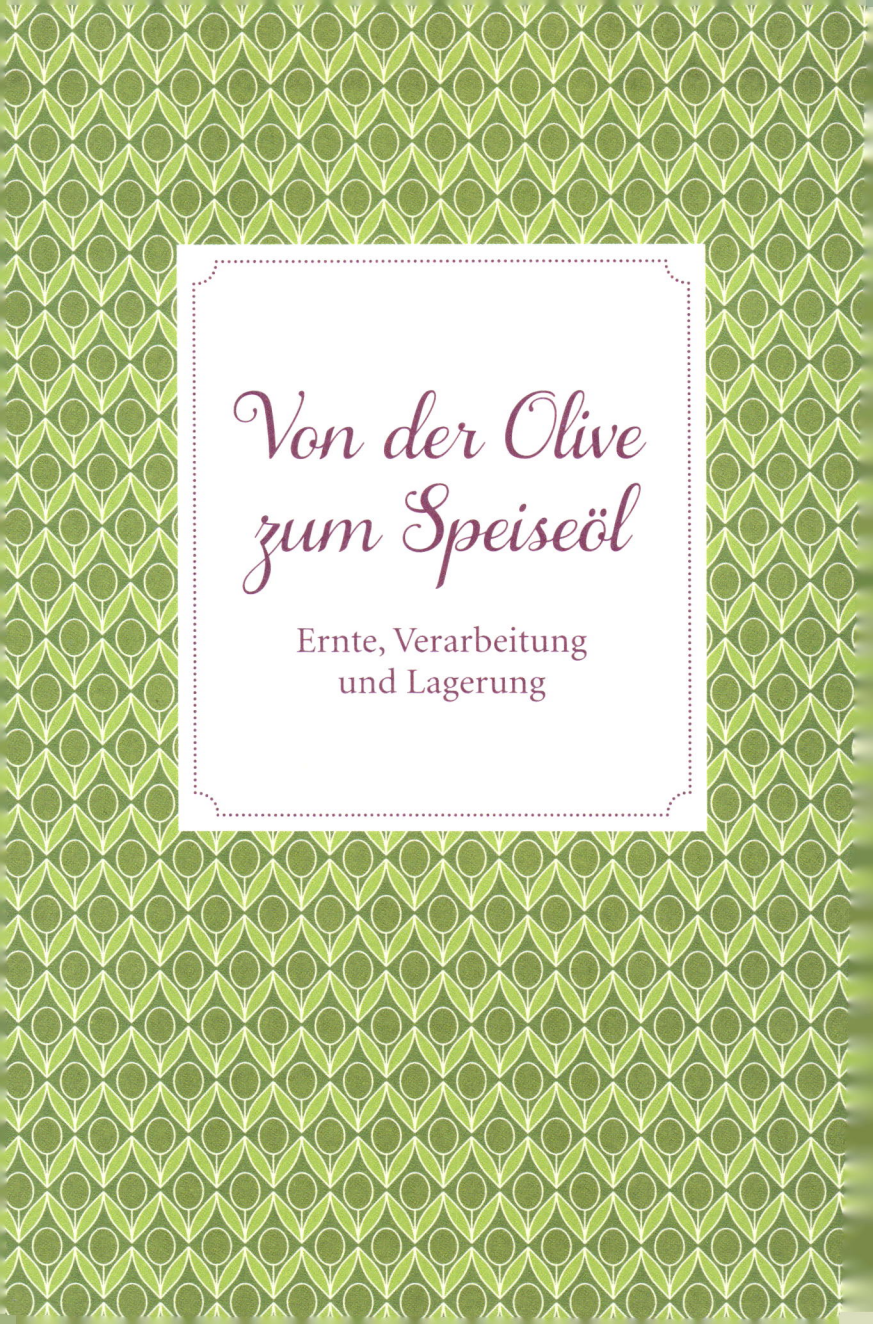

Ernte, Verarbeitung und Lagerung

Bereits in der Antike wusste man: Bei der Ernte und Pressung von Oliven sind enormes Feingefühl, Geschick und Erfahrung gefragt. Denn schon kleinste Details können die Qualität beeinflussen.

### DER RICHTIGE ZEITPUNKT

Für die Gewinnung von hochwertigem Olivenöl werden die Früchte optimalerweise geerntet, bevor sie ihre volle Reife entwickeln. Zwar ergeben Oliven mehr Öl, je reifer sie sind, allerdings enthalten sie dann auch einen wesentlich höheren Anteil an nicht erwünschten freien Fettsäuren (s. S. 31f., Inhaltsstoffe). Und das schmeckt man auch. Quantität bedeutet also auch bei der Gewinnung von Olivenöl alles andere als Qualität! Der Erntezeitpunkt variiert nach Region und Klima und liegt in der Regel zwischen Ende Oktober und Anfang Februar.

### DIE ERNTE

Ein Olivenbaum hat einen jährlichen Ertrag von rund 20 Kilogramm Oliven, daraus können 2–4 Liter Öl gewonnen werden. Ernte- und Pressmethoden unterscheiden sich dabei je nach Land und Produzent. Für ein gutes Öl ist zu einem großen Teil echte Handarbeit gefragt.

In der Regel unterscheidet man die folgenden Erntearten:

🫒 *Pflückung bzw. Abstreifen von Hand:* Hierbei werden die Oliven entweder mit einem kleinen Rechen von den Zweigen gestreift oder mit einem Stock vorsichtig heruntergeschlagen. Feinmaschige Netze, die zwischen den Bäumen gespannt werden, fangen sie auf, damit die empfindlichen Früchte nicht verletzt werden. Von Hand werden sie dann eingesammelt. In bergigen Gebieten ist kaum eine andere Ernte möglich.

🫒 *Schüttlung mit Stangen bzw. Erntemaschinen:* Mit langen Stangen bzw. großen Rüttelmaschinen wird häufig in flacheren Gebieten dafür gesorgt, dass die Oliven von den Zweigen in die Netze fallen. Auch hier gilt: Die Früchte sollten keinen direkten Bodenkontakt haben.

🫒 *Selbstfallend:* In unwegsamen Geländen und bei alten, sehr hohen Bäumen bleibt oft nichts anderes übrig, als zu warten, bis die reifen Früchte herunterfallen. Dies ergibt oft eine mindere Ölqualität, vor allem wenn auf das Spannen von Netzen verzichtet wurde und die Oliven beim Aufprall auf den harten Boden aufplatzen.

🫒 *Kämmung:* Die Früchte werden mit zum Teil mechanisch betriebenen Kämmen von den Bäumen getrennt. Diese Methode ist jedoch nur durchführbar, wenn die Bäume einigermaßen gleichmäßig gewachsen sind, sonst muss auch hier per Hand nachgeholfen werden.

Eine rein maschinelle Olivenernte ist also kaum durchführbar, da die Bäume oft an steilen Hängen wachsen und somit auch noch Klettergeschick gefragt ist. Wenn man sich das vor Augen hält, verwundert es kaum, dass ein hochwertiges Olivenöl seinen Preis hat.

## VERARBEITUNG UND PRESSUNG

Der Geschmack des fertigen Olivenöls hängt neben dem Klima, dem Zeitpunkt der Ernte, der Sorte und der gewissenhaften und kontinuierlichen Pflege des Olivenhains auch zu einem wesentlichen Teil von der Verarbeitung der Früchte ab. Besonders wichtig ist, dass zwischen Ernte und Pressung möglichst wenig Zeit vergeht – idealerweise nur ein paar Stunden, maximal bis zu 4 Tage.

In der Ölmühle eingetroffen, werden die Oliven von Blättern und Zweigresten befreit und mit kaltem Wasser gewaschen. Dann geht es ans Mahlen: Ein erstklassiges Olivenöl wird ohne Hitzeeinwirkung und ohne Zugabe von chemischen Substanzen verarbeitet und bleibt damit ein reines Naturprodukt mit allen wertvollen Inhaltsstoffen. Die Früchte werden samt Kernen zu Brei gemahlen. Früher verwendete man dafür tonnenschwere Mühlsteine aus Granit und Kalkstein, heute übernehmen das Zermalmen oftmals große Mühlen aus Edelstahl. Unter starker Druckeinwirkung wird nun aus dem Olivenbrei das Öl herausgepresst, das zu diesem Zeitpunkt noch eine Emulsion aus Olivenöl und Fruchtwasser ist. In Zentrifugen wird beides voneinander getrennt, und die Gewinnung des Olivenöls ist damit abgeschlossen.

Bevor das Öl an den Kunden gelangt, wird es jedoch meist noch gefiltert, bis sämtliche Rückstände von Fruchtfleisch und Kernen entfernt sind. Ungefiltertes, frisches Olivenöl ist immer trüb und oft von zart- bis tiefgrüner Farbe. Zwar gilt dieses Öl unter vielen Kennern als das einzig Wahre und als besondere Delikatesse mit intensivem Olivengeschmack, wiederum andere empfehlen jedoch das sofortige Filtern, weil Enzyme in den Trübstoffen für die Oxidation von wichtigen Inhaltsstoffen sorgen könnten.

## LAGERUNG

Kalt gepresste Olivenöle sind sehr empfindlich. Sie mögen weder Wärme noch Licht. Falsch gelagert verlieren sie nicht nur an Aroma und Vitaminen, sondern verändern auch schnell ihren Geschmack und werden schließlich ranzig. Daher sollte man Olivenöl generell dunkel, luftdicht verschlossen und kühl – am besten nicht über 16 °C, aber auch nicht im Kühlschrank, da es schnell ausflockt – lagern. So hält es sich mindestens 1 Jahr, maximal 24 Monate. Einmal angebrochenes Olivenöl, das in der Küche steht und damit Licht, höheren Temperaturen und durch häufiges Öffnen und Wiederverschließen auch Sauerstoff ausgesetzt ist, sollte möglichst zügig verbraucht werden.

*Wer einen Olivenbaum pflanzt,*
*findet immer einen Platz des Friedens.*

LAKONIKOS

# Grissini

Beide Mehlsorten, Hefe, Zucker, Thymian, Oregano und Salz in einer Schüssel vermengen. Eiweiße, Olivenöl und lauwarmes Wasser zufügen und alles in mehreren Minuten zu einem glatten Teig verkneten. Mit Frischhaltefolie abdecken und ca. 1 Stunde gehen lassen.

Teig auf der leicht bemehlten Arbeitsfläche erneut durchkneten und in ca. 20 gleich große Stücke teilen. Diese zu kleinen Kugeln formen und dann zu ca. 30 cm langen dünnen Stangen rollen.

Den Backofen auf 200 °C vorheizen und eine Schale mit Wasser auf den Boden des Ofens stellen. (Durch den Wasserdampf werden die Grissini schön knusprig.) Zwei Backbleche mit Backpapier auslegen und die Grissini darauf verteilen. Mit Olivenöl bepinseln und mit Meersalz bestreuen. Bleche nacheinander in den Ofen schieben und die Grissini in 15–18 Minuten goldbraun backen, nach ca. 8 Minuten das Wasser entfernen. Grissini anschließend komplett auskühlen lassen.

**FÜR CA. 20 GRISSINI**

200 g Weizenmehl
200 g Dinkelmehl
1 Pck. Trockenhefe
2 TL brauner Zucker
1 TL gerebelter Thymian
1 TL gerebelter Oregano
1 TL Salz
2 Eiweiß
6 EL Olivenöl extra vergine
150 ml lauwarmes Wasser

*Außerdem:*
Mehl für die Arbeitsfläche
4 TL Olivenöl extra vergine
2 TL grobes Meersalz

# Couscous mit Zucchini und Pistazien

**FÜR 4 PORTIONEN**

250 g Couscous
Ca. 250 ml Gemüsebrühe
8 EL Olivenöl extra vergine
1 große Zucchini
2 rote Zwiebeln
2 Knoblauchzehen
1 große Bio-Zitrone
2 TL Kreuzkümmel
1 TL Paprika
1 TL Zimt
1 TL Bockshornklee
½ TL Kardamom
½ TL Chiliflocken
2 TL Rohrohrzucker

Couscous in eine große Schüssel füllen und nach Packungsanweisung zubereiten. Dafür die entsprechende Menge Gemüsebrühe aufkochen und den Couscous damit bedecken. 5–10 Minuten quellen lassen. Anschließend 2 Esslöffel Olivenöl untermischen, den Couscous mit einer Gabel auflockern und abkühlen lassen.

Zucchini putzen, nach Belieben schälen, vierteln und in Scheiben schneiden. Zwiebeln schälen, halbieren und in Ringe schneiden. Knoblauch ebenfalls schälen und fein hacken. Die Zitrone heiß abwaschen, trocken tupfen, den Saft auspressen und 2 Teelöffel Schale fein abreiben. In einer kleinen Schüssel alle Gewürze miteinander mischen.

In einer Pfanne 2 Esslöffel Olivenöl erhitzen. Zucchinischeiben darin bei mittlerer Temperatur einige Minuten anbraten, dann Zwiebeln und Knoblauch zugeben und anschwitzen. Die Gewürze unterrühren und einige Minuten mitbraten, bis alles aromatisch duftet. Anschließend mit Zitronensaft ablöschen. Die Mischung mit dem Zitronenabrieb unter den Couscous mengen.

Pistazien grob hacken. Petersilie abbrausen, trocken schütteln und die Blättchen abzupfen. Tomate waschen, putzen und das Fruchtfleisch fein würfeln. Pistazien, Petersilie und Tomatenwürfel mit dem übrigen Olivenöl unter den Couscoussalat mischen. Mit Meersalz und Pfeffer kräftig abschmecken und mindestens 1 Stunde kalt stellen.

*Außerdem:*
120 g geschälte Pistazien
½ Bund glatte Petersilie
1 Fleischtomate
Meersalz
Frisch gemahlener schwarzer Pfeffer

# Lammkarree mit Oliven-Kräuter-Kruste

**FÜR 4 PORTIONEN**

*Für das Fleisch:*
2 Lammkarrees (à 400 g)
2 Zwiebeln
4 Knoblauchzehen
4 EL Olivenöl extra vergine
Feines Meersalz
Frisch gemahlener schwarzer Pfeffer

*Für die Kruste:*
5 Scheiben Toastbrot
1 Zweig Rosmarin
2 Zweige Thymian
2 Stängel glatte Petersilie
4 EL schwarze Oliventapenade
100 g weiche Butter
1 Prise Chiliflocken
Meersalz
Schwarzer Pfeffer

Für die Kruste das Toastbrot grob würfeln. Kräuter abbrausen, gründlich trocken tupfen und die Nadeln bzw. Blättchen abzupfen. Kräuter und Toastbrotwürfel mit einem Stabmixer fein mixen. Dann die Kräuter-Toast-Mischung mit Oliventapenade und Butter zu einer homogenen Masse vermengen, mit Chiliflocken, Meersalz und Pfeffer würzen. Die Mischung zwischen zwei Bahnen Frischhaltefolie gleichmäßig mit den Händen ca. 7 mm dick flach drücken und 2 Stunden kalt stellen.

Für das Fleisch den Backofen auf 140 °C vorheizen. Lammkarrees unter kaltem Wasser abspülen, gut trocken tupfen und parieren. Zwiebeln und Knoblauch mit Schale halbieren. Olivenöl in einem Bräter erhitzen und das Fleisch darin von beiden Seiten scharf anbraten. Mit Salz und Pfeffer würzen. Zwiebeln und Knoblauch zugeben und kurz mitbraten. Den Bräter in den Ofen stellen und das Fleisch in 20–22 Minuten garen.

Fleisch aus dem Ofen nehmen und auf einen Gitterrost setzen. Die Ofentemperatur auf 220 °C erhöhen, dabei die Grillfunktion zuschalten. Die Kräuter-Oliven-Paste von der Frischhaltefolie befreien und so zurechtschneiden, dass das Fleisch damit komplett bedeckt werden kann. Den Gitterrost mit den belegten Karrees auf die oberste Schiene in den Ofen schieben und das Fleisch wenige Minuten überbacken, bis die Kruste schön knusprig ist. Anschließend die Karrees in einzelne Koteletts schneiden und servieren.

*Wer Olivenbäume kennt, verehrt sie,*
*hält sie für Engel,*
*die aus der Erde emporsteigen.*

WILLIS BARNSTONE

# Flüssiges Gold

## Güteklassen und Qualitätsmerkmale

In den Supermarktregalen findet sich eine Fülle von Olivenölen mit den unterschiedlichsten Bezeichnungen und Etiketten – doch worauf sollte man wirklich achten, um ein hochwertiges Öl zu bekommen?

### BIO-ANBAU
Auch bei Olivenölen garantiert biologischer Anbau Öle von bester Qualität, und das ohne Einsatz von chemischen Dünge- und Schädlingsbekämpfungsmitteln. Zudem wird der Natur Gutes getan, indem die Fruchtbarkeit der Böden und die Artenvielfalt merklich gesteigert werden. Die Investition von ein, zwei Euro mehr lohnt sich also.

### INHALTSSTOFFE
Olivenöl enthält lebenswichtige Inhaltsstoffe. Hauptsächlich besteht es aus Fetten, vorwiegend aus ungesättigten Fettsäuren, die besonders gesund sind und unter anderem einem zu hohen Cholesterinspiegel, Bluthochdruck und Diabetes vorbeugen können.

Diese ungesättigten Fettsäuren zersetzen sich jedoch schnell zu freien Fettsäuren, die auf dem Etikett als Ölsäure angegeben werden, wenn sie Licht, Wärme und Sauerstoff ausgesetzt sind. Damit verlieren sie nicht nur ihre gesundheitsfördernde Wirkung, sondern auch an Geschmack. Je länger die Oliven gelagert werden bzw. je reifer sie sind, desto schneller tritt dieser Zersetzungsprozess ein und umso mehr steigt der Säuregehalt des Öls. Dieser sollte bei hochwertigen Olivenölen bei maximal 0,8 Prozent liegen. Ein niedriger Wert zeigt, dass die Früchte in einem sehr guten, d. h. noch nicht vollreifen Zustand geerntet und schnell verarbeitet wurden.

Neben den „guten", gesunden Fetten hat Olivenöl auch einen hohen Anteil an Stoffen mit antioxidantischer Wirkung, besonders Vitamin E, das z. B. Herzerkrankungen verhindern kann. Außerdem enthält es viele sekundäre Pflanzenstoffe, die für Farbe, Duft und Geschmack im Öl sorgen und die in der Lage sind, die menschlichen Zellen vor den Angriffen von freien Radikalen zu schützen.

Diese heilenden Inhaltsstoffe sind allerdings nur in unraffinierten, d. h. naturbelassenen Olivenölen enthalten. Deshalb sollte man beim Kauf unbedingt auf die genaue Auszeichnung achten.

## GÜTEKLASSEN

Unterschiedliche Handelsklassen und Gütesiegel geben Aufschluss über die Qualität und Herstellungsweise von Olivenöl. Dies sind die wichtigsten Bezeichnungen, die sich auf den Etiketten finden:

🫒 *Natives Olivenöl extra,* auch *Olivenöl extra vergine* genannt, ist naturbelassenes Öl erster Güteklasse und damit bester Qualität, das in Bezug auf Geschmack, Farbe und Geruch den höchsten Ansprüchen genügt. Es ist immer kalt gepresst und ohne künstliche Zusätze hergestellt und hat einen Ölsäuregehalt von maximal 0,8 Prozent (s. S. 31f., Inhaltsstoffe).

🫒 *Natives Olivenöl* ist ebenfalls von hoher Qualität und immer kalt gepresst, nur darf hier der Ölsäureanteil bei maximal 2 Prozent liegen.

🫒 Findet sich ausschließlich die Bezeichnung *Olivenöl,* manchmal auch *Feines Olivenöl,* auf einem Etikett, handelt es sich i. d. R. um eine Mischung aus einem Hauptanteil an raffiniertem Öl, das mit chemischen Zusätzen und unter Hitzeeinwirkung behandelt wurde und danach recht geschmacks- und geruchsneutral ist, und einem minimalen Anteil an nativem Olivenöl, das wieder für etwas Aroma sorgen soll. Hierbei handelt es sich keinesfalls um ein hochwertiges Produkt.

🫒 Der Begriff *kalt gepresst* gilt als Qualitätsmerkmal und besagt, dass das Produktionsverfahren nicht unter Hitzeeinwirkung, d. h. bei maximal 27 °C, stattgefunden hat.

🫒 Die Deklaration *erste Pressung* soll ebenfalls die hohe Qualität eines Olivenöls unterstreichen – sie stammt allerdings aus einer Zeit, als häufiger noch eine zweite Pressung unter Wärmezufuhr durchgeführt wurde, die dann ein minderwertiges Öl ergeben hat. Heute erfolgt bei nativen und extra nativen Olivenölen generell nur noch ein Pressvorgang.

Natürlich bestimmen noch weitere Faktoren die Qualität von Olivenöl wie die Herkunft und Sorte der verwendeten Früchte sowie deren Reifegrad, die Erntemethode, die Zeitspanne zwischen Ernte und Pressung, die Lagerung der Oliven und das angewendete Press- bzw. Extraktionsverfahren. Doch auch wenn ein Olivenöl auf dem Papier alle Kriterien erfüllt – letztlich entscheidet nur der Geschmack!

### TROPFÖL

Tropföl ist das kostbarste unter den Olivenölen, das immer der Güteklasse extra vergine angehört und nur in traditionellen Steinmühlen gewonnen wird. Nachdem die Oliven zu Brei gemahlen wurden, wird diese Mischung aus zermalmtem Fruchtfleisch und zerdrückten Kernen in Matten gefüllt, die übereinandergestapelt werden. Bevor die Matten in die Presse kommen, tropft durch deren eigenes Gewicht bereits erstes, feinstes Öl an den Seiten herunter – das Tropföl. Weil hierbei nur eine geringe Menge gewonnen werden kann, wird es entsprechend teuer verkauft und gilt als das wert- und geschmackvollste Olivenöl überhaupt.

*Zwei Flüssigkeiten sind es,*
*die dem menschlichen Körper angenehm sind,*
*innerlich der Wein und äußerlich das Olivenöl,*
*aber das Öl ist das Notwendigere.*

PLINIUS

## SORTENREINE OLIVENÖLE UND MISCHUNGEN

Für die Produktion von sortenreinen Olivenölen greift man stets nur auf eine einzige Olivensorte zurück. Daneben gibt es auch häufig Mischungen: Entweder es werden in einem Olivenhain einige wenige unterschiedliche Sorten angebaut und gemeinsam gepresst, um bewusst einen bestimmten, besonderen Geschmack zu erzeugen. Oder man mischt nach dem Pressen verschiedene native Olivenöle miteinander – ein Verfahren, das häufig von größeren Produzenten durchgeführt wird, die so für die Kunden einen typischen, weitgehend gleichbleibenden Geschmack eines bestimmten Öls bzw. einer bestimmten Marke generieren wollen. Sortenreine Olivenöle schmecken ähnlich wie gute Weine von Jahr zu Jahr bzw. von Ernte zu Ernte verschieden.

# Gegrillte Auberginen

**FÜR 4 PORTIONEN**

4 kleine Auberginen
Feines Meersalz
8 EL Olivenöl extra vergine
2 Schalotten
3 Knoblauchzehen
1 rote Chilischote
4 Zweige Thymian
2 EL weißer Balsamicoessig
½ TL Honig
Frisch gemahlener schwarzer Pfeffer

Auberginen putzen und in 1 cm dicke Scheiben schneiden. Mit etwas Meersalz bestreuen, in ein Sieb geben und ca. 20 Minuten Flüssigkeit ziehen lassen. Anschließend trocken tupfen. Die Hälfte des Olivenöls in einer großen Grillpfanne erhitzen und die Auberginenscheiben darin portionsweise in 2 Minuten pro Seite goldbraun braten. Anschließend auf Küchenpapier abtropfen lassen.

Schalotten und Knoblauch schälen und sehr fein hacken. Die Chilischote putzen, halbieren, von Samen befreien und in feine Ringe schneiden. Thymian abbrausen, trocken schütteln und die Blättchen hacken. Essig mit Schalotten, Knoblauch, Chili, Thymian und Honig verrühren. Das übrige Olivenöl zugeben und unterschlagen. Mit Meersalz und Pfeffer abschmecken.

Die gegrillten Auberginenscheiben auf einer Servierplatte anrichten und großzügig mit dem Dressing beträufeln.

# Rosmarin-Fächerkartoffeln

Kartoffeln gründlich abbürsten, gut waschen und trocknen. Rosmarin- und Thymianzweige abbrausen, trocken schütteln und die Nadeln bzw. Blättchen fein hacken. Knoblauchzehen halbieren und leicht andrücken.

Den Backofen auf 175 °C (Umluft) vorheizen, ein Backblech mit 3 Esslöffeln Öl bepinseln und mit der Hälfte des Rosmarins und Thymians sowie mit etwas Meersalz bestreuen. Kartoffeln halbieren und auf der runden Seite mehrmals mit einem scharfen Messer einschneiden, aber nicht durchschneiden, sodass sie sich leicht auffächern lassen. Kartoffeln mit der Schnittfläche nach unten dicht nebeneinander auf das Blech legen. Mit dem restlichen Öl beträufeln und mit den übrigen Kräutern bestreuen. Knoblauch dazwischen verteilen.

Das Blech in den Ofen schieben und die Kartoffeln je nach Größe in 35–45 Minuten goldbraun backen. Anschließend mit frisch gemahlenem Pfeffer servieren.

**FÜR 4 PORTIONEN**

1 kg festkochende Kartoffeln
4 Zweige Rosmarin
2 Zweige Thymian
2 Knoblauchzehen
5 EL Olivenöl extra vergine
Grobes Meersalz
Frisch gemahlener Pfeffer

# Pizza Napoli

**FÜR 1 BLECH**

*Für den Boden:*

250 g Weizenmehl (Type 405) plus ggf. etwas mehr

1 Pck. Trockenhefe

175 ml lauwarmes Wasser

½ TL feines Meersalz

1 Prise Zucker

1 EL Olivenöl extra vergine

*Für den Belag:*

400 g Tomaten in Stücken (Dose)

Meersalz

Pfeffer

1 Knoblauchzehe

1 TL gerebelter Oregano

2 TL Kapern

250 g Mozzarella

4 Sardellenfilets

Für den Pizzaboden alle Zutaten in eine Schüssel geben und in mindestens 5 Minuten zu einem geschmeidigen Teig verkneten. Sollte er zu weich erscheinen, etwas mehr Mehl unterkneten. Den Teig mit Frischhaltefolie abdecken und 1 Stunde gehen lassen.

Für den Belag die Tomaten in ein Sieb abgießen und abtropfen lassen. Mit Meersalz und Pfeffer würzen. Knoblauchzehe schälen, pressen und mit Oregano und Kapern zu den Tomaten geben. Alles gut mischen. Mozzarella abtropfen lassen und in Scheiben schneiden, Sardellenfilets halbieren und die Oliven in Ringe schneiden.

Den Backofen auf 220 °C vorheizen, ein Backblech mit etwas Mehl bestäuben. Den Teig auf der bemehlten Arbeitsfläche mit den Händen gut durchkneten und zu einem Rechteck in der Größe des Bleches ausrollen. Den Pizzaboden auf das Blech legen, dabei einen kleinen Rand hochdrücken und den Teig mehrfach mit einer Gabel einstechen.

Die Tomatenmischung gleichmäßig auf dem Pizzaboden verteilen und mit Mozzarella, Sardellenfilets und Oliven belegen. Mit Olivenöl beträufeln und die Pizza in 12–14 Minuten knusprig backen. Währenddessen Basilikum abbrausen, trocken schütteln und die Blättchen klein zupfen. Auf der fertigen Pizza verteilen, erneut mit Olivenöl beträufeln und sofort servieren.

1 Handvoll schwarze Oliven ohne Stein
2 EL Olivenöl extra vergine

*Außerdem:*
Mehl für die Arbeitsfläche
2 Stängel Basilikum
Olivenöl extra vergine zum Beträufeln

# Olivenöl in der Küche

Verwendung, Aroma und Geschmack

Erstklassiges Olivenöl, das Herz der mediterranen Küche, ist pur – am besten mit ein paar Scheiben knusprigem Brot, etwas Fleur de Sel und frisch gemahlenem Pfeffer – schon ein wahrer Genuss. Und es lässt sich so viel Leckeres mit Olivenöl zaubern!

### FÜR JEDES GERICHT DAS PASSENDE ÖL
Am besten hat man in der Küche verschiedene Öle zur Hand, denn die Vielfalt an Aromen ist schier grenzenlos. Und nicht jedes Olivenöl passt zu jedem Gericht!

Auf alle Fälle empfiehlt es sich, ausschließlich kalt gepresste, native Olivenöle zu verwenden, die nun einmal die gesündesten sind. Es gibt sie in allen erdenklichen Geschmacksvarianten aus den verschiedensten Herkunftsländern. Für Salate und feine Marinaden, aber auch für Gebäck und Desserts eignen sich besonders leichte und dezente Olivenöle mit mildem, süßlichem Aroma. Für Deftiges wie geschmortes Fleisch oder gut gewürzte Gemüseeintöpfe sollte man kräftige, herbe Öle mit angenehm markanter Bitternote verwenden, die die pikanten Gerichte gut unterstreichen. Und Fisch und Meerestiere kommen vor allem durch Olivenöle mit intensiv-fruchtigem Geschmack zur Geltung.

Oft finden sich auf den Etiketten der Flaschen Hinweise zu den Aromen und Verwendungsmöglichkeiten – aber auch hier gilt, über Geschmack lässt sich nicht streiten, und idealerweise probiert man einfach aus, welche Kombinationen am besten schmecken. In den meisten Fachgeschäften oder besser noch direkt vor Ort beim Hersteller kann man Olivenöle vor dem Kauf degustieren.

### ERHITZEN UND FRITTIEREN

Neben der weit verbreiteten Meinung, man solle kalt gepresstes Olivenöl nur für die kalte Küche verwenden, da beim Erhitzen alle wertvollen Inhaltsstoffe verloren gingen, empfehlen Experten das Gegenteil: Solange man damit beim Kochen, Braten oder Dünsten schonend und vorsichtig umgeht und zu hohe Temperaturen (über 180 °C) vermeidet, gibt es keinen Grund, hierauf zu verzichten.

Selbst zum Frittieren eignet sich Olivenöl, wenn auch nicht erster Güteklasse, dies ist hierfür einfach zu schade. Beim Frittieren ist es ebenfalls besonders wichtig, dass man das Öl nicht zu stark erhitzt, damit der Rauchpunkt nicht überschritten wird. Riecht das Öl verbrannt, sollte man es der eigenen Gesundheit zuliebe sofort entsorgen.

Frisches, naturtrübes Olivenöl sollte man nicht zum Kochen verwenden und tatsächlich kalten Speisen vorbehalten, da es das Erhitzen weniger verträgt als gefiltertes, klares Olivenöl und sehr schnell verbrennt. Diesen guten Tropfen nimmt man am besten zum Würzen von Salaten oder zum Beträufeln von bereits gegarten Fischgerichten, Pizza und Pasta.

### BACKEN MIT OLIVENÖL
Auch zum Backen und für Süßspeisen wie Kuchen und Desserts eignet sich Olivenöl als wahres Allroundgenie – vor allem bei Hefeteigen oder einfachen Biskuitmassen kann ein Teil der Butter gut durch Olivenöl ersetzt werden. Das sorgt für ein besonders fruchtiges, aromatisches Geschmackserlebnis und eine saftige Konsistenz.

### UND ZU GUTER LETZT …
… sollte man es wie die Italiener handhaben und immer eine kleine Flasche mit frischem Olivenöl bester Qualität auf dem Küchentisch stehen haben. Das sieht nicht nur dekorativ aus, sondern sorgt auch dafür, dass Speisen wie Pizza, Pasta oder Salate – mit einem kleinen Schuss Olivenöl veredelt – zu einem ganz besonderen Genuss werden.

*Und mit einem Früchte tragenden Olivenzweig*
*reinigt sich der Mensch*
*zu vollkommener Gesundheit.*

VERGIL

# Paprikapesto mit Ricotta

**FÜR CA. 500 G**

2 rote Paprikaschoten
2 orange Paprikaschoten
1 Knoblauchzehe
120 g Pinienkerne
120 g Ricotta
2 EL Rapsöl
Feines Meersalz
Frisch gemahlener schwarzer Pfeffer
¼ TL Chiliflocken
100 ml mildes Olivenöl extra vergine

*Außerdem:*
2 sterilisierte Schraubgläser (à 250 g)

Den Backofen auf 225 °C vorheizen, Grillfunktion zuschalten. Paprika putzen, vierteln und mit der Hautseite nach oben auf einem mit Backpapier ausgelegten Blech verteilen. Einige Minuten auf oberster Schiene rösten, bis die Haut schwarze Blasen wirft. Anschließend abkühlen lassen und häuten.

Knoblauch schälen und hacken. Pinienkerne in einer Pfanne goldbraun rösten. Beides mit den Paprikavierteln (es sollten insgesamt ca. 180 g sein), Ricotta und Rapsöl in einen hohen Becher geben. Mit Meersalz, Pfeffer und Chiliflocken würzen und die Mischung mit einem Stabmixer fein pürieren. Ca. 75 ml Olivenöl mit einem Schneebesen unterrühren, bis das Pesto die richtige Konsistenz hat.

Pesto mit Meersalz und Pfeffer abschmecken, in die Gläser füllen und mit einem Spiegel aus dem restlichen Olivenöl bedecken. Die Gläser gut zuschrauben und das Pesto bis zur Verwendung kalt stellen.

# Tagliatelle al limone

Knoblauch in der Schale kräftig andrücken. Zitronen heiß abwaschen, trocken tupfen, die Schale fein abreiben und von 1 Zitrone den Saft auspressen. Kräuter abbrausen, trocken schütteln und die Blätter hacken.

Tagliatelle in kochendem Salzwasser al dente kochen.

Währenddessen das Olivenöl in einer großen Pfanne bei mittlerer Temperatur erhitzen. Den angedrückten Knoblauch darin einige Minuten braten, bis er sein ganzes Aroma an das Öl abgegeben hat. Anschließend die Knoblauchzehen entfernen. Zitronenabrieb zugeben und die Pfanne schwenken.

Tagliatelle abgießen und zu der Olivenölmischung in die Pfanne geben. Basilikum, Petersilie und Zitronensaft zufügen. Alles gut mischen und kräftig mit Salz und Pfeffer würzen. Auf Teller verteilen und nach Belieben mit gehobeltem Parmesan und Olivenöl servieren.

**FÜR 4 PORTIONEN**

4 Knoblauchzehen
2 Bio-Zitronen
1 Bund Basilikum
1 Bund glatte Petersilie
500 g Tagliatelle
Salz
4 EL Olivenöl extra vergine
Feines Meersalz
Frisch gemahlener schwarzer Pfeffer

*Außerdem:*
Gehobelter Parmesan nach Belieben
Olivenöl extra vergine zum Beträufeln

# Mediterran gebratener Kabeljau

**FÜR 4 PORTIONEN**

1 Bio-Limette
4 Kabeljaufilets (à 180–200 g)
Feines Meersalz
8 getrocknete Tomaten
1 große Handvoll schwarze Oliven ohne Stein
2 TL Kapern
1 Schalotte
1 Knoblauchzehe
3 Zweige Thymian
3 Stängel glatte Petersilie
4 EL Olivenöl extra vergine
Frisch gemahlener schwarzer Pfeffer

Limette auspressen. Kabeljaufilets mit Limettensaft beträufeln und von beiden Seiten salzen.

Getrocknete Tomaten, Oliven und Kapern leicht abtropfen lassen und klein schneiden. Schalotte und Knoblauch schälen und fein hacken. Thymian und Petersilie abbrausen, trocken schütteln und die Blättchen ebenfalls fein hacken. Alles miteinander mischen und die Kabeljaufilets darin wenden. Die übrige Tomaten-Oliven-Mischung beiseitestellen.

Eine große Pfanne bei mittlerer Temperatur erhitzen und das Olivenöl zugeben. Die Fischfilets darin pro Seite 1½–2 Minuten braten, dann mit frisch gemahlenem Pfeffer bestreuen. Die übrige Tomaten-Oliven-Mischung zugeben, kurz warm werden lassen und die Kabeljaufilets damit servieren.

# Rezeptübersicht

## SALATE, ANTIPASTI UND DIPS

Avocadosalat mit gebratenen Scampi .................................................. 17

Couscous mit Zucchini und Pistazien .................................................. 26

Gegrillte Auberginen ........................................................................... 36

Oliven-Feigen-Dip mit Ziegenkäse ...................................................... 10

Paprikapesto mit Ricotta ..................................................................... 44

## BROTE, PIZZA UND PASTA

Fladenbrot ........................................................................................... 12

Flammkuchen mit Feta ....................................................................... 18

Grissini ................................................................................................ 25

Pizza Napoli ........................................................................................ 38

Tagliatelle al limone ............................................................................ 45

## FISCH, FLEISCH UND GEMÜSE

Filetsteak mit Salsa verde ................................................................... 19

Lammkarree mit Oliven-Kräuter-Kruste ............................................. 28

Mediterran gebratener Kabeljau ......................................................... 46

Ofengemüse mit gerösteten Walnüssen .............................................. 11

Rosmarin-Fächerkartoffeln ................................................................ 37

5 4 3 2 1  20 19 18 17 16
978-3-88117-998-0

Covergestaltung, Illustrationen, Layout und Satz: Stefanie Wawer
Redaktion: Kathrin Nick
Litho: FSM Premedia GmbH & Co. KG, Münster
© 2016 Hölker Verlag im Coppenrath Verlag GmbH und Co. KG,
Hafenweg 30, 48155 Münster, Germany
Alle Rechte vorbehalten, auch auszugsweise

www.hoelker-verlag.de